La Mission du Betsiléo

(Madagascar)

1871-1913

IMPRIMERIE
F. PAILLART
ABBEVILLE

LA MISSION

DU BETSILÉO

(Madagascar)

1871-1913

FIANARANTSOA — Vue générale.

École Normale   École des Sœurs   École ...   Église ...

La Mission

du Betsiléo

(Madagascar)

1871-1913

IMPRIMERIE F. PAILLART, ABBEVILLE.

Monseigneur GIVELET

Vicaire Apostolique de Fianarantsoa.

La Mission du Betsiléo

(MADAGASCAR)

1871-1913

I

Le P. Finaz

C'est en 1871 que, pour la première fois, un missionnaire catholique pénétra dans le Betsiléo.

L'évangélisation de Madagascar avait commencé par les petites îles qui couronnent la côte Nord, où des postes avaient été établis dès avant 1850. De là, malgré les prohibitions officielles et la peine de mort, l'intrépide P. Finaz n'avait pas hésité à se rendre au cœur même de l'île de Tananarive, la grande capitale.

Ne pouvant se montrer ouvertement comme prêtre, bien qu'il eût son petit sanctuaire privé où se réunissait un noyau d'adeptes sûrs, il se donna comme musicien, ingénieur, médecin ; ses cures, son piano mécanique, ses expériences lui gagnèrent les bonnes grâces de hauts personnages et même de la gracieuse Souveraine. Pouvait-on dès lors refuser à cet homme si extraordinaire aux yeux de tous, de pratiquer publiquement et de prêcher sa religion?

L'année 1912 a vu les fêtes du cinquantenaire de la fondation officielle de la mission de Madagascar, ce qui reporte à 1862 la prise de possession du catholicisme dans cette île qui, trente-trois ans plus tard, devait devenir française.

On comprend dès lors comment le savoir-faire du P. Finaz, sa sainte audace, sa connaissance de la langue, le firent encore choisir pour porter la vraie foi dans le Betsiléo.

Il partit en septembre 1871, ayant en perspective huit grands jours de marche vers le Sud, jusqu'à Fianarantsoa, capitale de la province. Que de douces consolations pour le cœur de l'apôtre durant le voyage! C'est d'abord une pauvre fille lépreuse, sorte de spectre hideux rongé de plaies, pour qui sa mère demande une aumône au bord de la route. Le Père s'approche de la tanière où gît la malheureuse, remet son obole, mais lui donne mieux encore ; il l'instruit, la baptise ; Marie est devenue chrétienne ; elle peut mourir en paix et ira bientôt voir sa douce Patronne dans les joies du Paradis. Même scène le lendemain pour une autre lépreuse qui s'appellera Joséphine.

Hélas ! au cours du voyage, les temples protestants, debout dans tous les centres, prouvent que l'erreur y a devancé la vraie foi. Raison de plus pour notre voyageur de parler de Dieu. Rencontrait-il un village, il s'asseyait en plein air ; on venait voir l'étranger qui se mettait aussitôt à enseigner toute cette foule formant cercle autour de lui. On chantait *Le ciel en est le prix* traduit en malgache, on répétait le signe de la croix, on récitait les prières, et au départ ces bonnes gens faisaient promettre au Père de revenir.

Enfin voici Fianarantsoa, perchée sur sa colline, avec ses maisons s'étageant en gradins jusqu'au sommet, où se dresse tout seul, comme un fier pompon, le *Rova* ou Palais du Gouverneur.

II

Fondation. Persécution.

Le Père s'installe dans une maison, la moins exiguë qu'il peut trouver ; une des chambres est aussitôt transformée en chapelle, où une statue de Marie, un Sacré-Cœur et un Crucifix donnent la note surnaturelle.

Le lendemain, réception bienveillante du missionnaire par le Gouverneur flanqué d'un nombreux état-major tout reluisant de galons dorés. Dès le dimanche suivant, le Père a convoqué les habitants pour la messe ; chapelle comble, alentours regorgeant de monde. Soudain des cris, des vociférations, des menaces. Les Protestants, furieux, veulent foncer pour briser la statue et déchirer les images. La ferme attitude du Père fait avorter ce complot, ourdi par la haine des prédicants anglais et ouvertement dirigé par un officier hova.

Ainsi, dès les premiers jours, se dessinait la situation qui devait être faite aux missionnaires durant de longues années. Du côté du peuple,

Église et maison du missionnaire (Iarinoro).

bienveillance, accueil.sympathique et bientôt nom-
breuses conversions. De la part du Protestantisme, représenté par les Luthériens de Norwège
et par les Anglicans d'Angleterre, la jalousie hai-
neuse, inspiratrice d'une persécution sans trêve,
qui se remuera jour et nuit, et reculera d'autant
moins devant les moyens violents qu'elle est en-
couragée par le gouvernement hova.

Ce qu'avait fondé le P. Finaz, il fallait l'affirmer
en élargissant le cercle d'action.

Aussitôt un second Père et un frère coadjuteur
sont envoyés de Tananarive, suivis de près par
les Sœurs de Saint-Joseph de Cluny qui ouvrent
une école, où ne tardèrent pas à se presser une cen-
taine de jeunes filles pensionnaires et de nom-
breuses externes.

D'où fureur nouvelle des Protestants jusque là
maîtres absolus de la ville ; prêches enflammés
dans les temples contre la superstition romaine ;
menaces des châtiments divins et humains, contre
les parents qui oseraient confier leurs enfants aux
papistes, et comme résultat, terreur des faibles et
des craintifs qui sont le gros de la foule : « Ah !
je voudrais bien me faire catholique, disait un
officier au Père, mais je serais perdu. Dernière-
ment, ajoutait-il, nous étions quatre officiers à
causer chez R. Après avoir discuté du catholicisme et du protestantisme, nous sommes tombés

d'accord que le catholicisme seul est vrai. Alors
l'un de nous s'écrie : Qui passe le premier ? Je le
suis !... Tous nous avons reculé. »

Mais Fianarantsoa ne pouvait suffire aux missionnaires. Le zèle cherche l'espace ; une fondation en appelle une autre et l'apostolat ne connaît
ni entraves, ni limites, ni obstacles. De nouveaux
renforts de missionnaires venus du Nord permettent d'attaquer d'autres centres importants
qui, suivant la loi ordinaire des fondations d'alors,
se transforment soudain en véritables champs de
bataille.

Forts des traités, couverts par les formalités de
la loi auxquelles ils ont soin de se soumettre, les
Pères achètent des terrains et s'installent. Mais
sitôt qu'ils sont devenus légitimes propriétaires,
surviennent conduits par les protestants, de soi-
disant propriétaires lésés dans leurs droits et non
consultés ; ou bien on invente d'autres droits an-
térieurs, d'autres textes qui s'opposent à la prise
de possession par les Français. Mentir est dans
les mœurs : on ment, on jure, on prend Dieu à
témoin. Tous ces gens hostiles qui ont la force en
main, la ruse en tête et le verbe en bouche, n'hé-
sitent pas à s'attaquer aux ouvriers qui travaillent
au compte des Pères ; ils les battent et les chas-
sent, ils démolissent et saccagent les ouvrages
commencés.

Les enquêtes, si l'on en fait ensuite à la demande des Pères, ne sont que comédie et fourberie ; rien ne s'est passé d'illégal, tout a été au mieux dans cet heureux pays où la justice et le droit sont au plus fort.

De leur côté les missionnaires sont des combatifs qui gardent la position, et non des inertes bons à pleurer sur des ruines ; ils réclament, ils protestent et si la cause de Dieu finit par triompher, ce sera grâce à leur sainte ténacité.

L'ennemi ne se tient pas pour battu ; il s'en prend aux parents qu'il rend responsables et aux enfants catholiques qu'il terrorise. Ainsi était observé le texte du Code nouvellement publié, portant que « la Religion ne doit être ni contrainte, ni entravée. »

Un jour les protestants de Fianarantsoa n'annoncent-ils pas publiquement qu'ils ont l'autorisation du premier Ministre de reprendre leurs anciens élèves passés chez les Pères. Aussitôt la chasse s'organise à travers la ville ; tous ceux ou celles qu'on rencontre sont frappés, insultés, maltraités. Mêmes traitements iniques dans plusieurs localités.

Ainsi d'une part les lois proclamaient la liberté de conscience et de l'autre les protestants prétendaient empêcher tout élève de passer d'une école à l'autre. Or étant de beaucoup les plus nombreux et les plus anciens dans l'île, ils faisaient ainsi obstruction absolue au recrutement des écoles catholiques. Cette prohibition faite aux parents et aux élèves fut un sujet de conflits sans cesse renaissants, conflits qui parfois dégénéraient en bataille.

Cependant les années s'écoulent; déjà un certain nombre de postes centraux importants ont été fondés dans le Betsiléo, d'où les missionnaires peuvent rayonner dans les campagnes. Partout on installe des écoles d'où sortira une jeunesse chrétienne. L'arbre planté en 1871 par le P. Finaz avait déjà douze ans de sève divine quand soudain un cyclone soufflé par l'enfer vient le renverser, sans toutefois le faire périr, car ses racines sont profondes dans les âmes.

III

Exil. Première guerre franco-hova.

Nous voici en 1883. Le 7 juin, un officier suivi
d'un peloton fait irruption chez les Pères de
Fianarantsoa. « Les Français, leur dit-on, ont
bombardé Majunga. Pour ne pas vous expo-
ser aux représailles du peuple, la Reine vous
ordonne de quitter le territoire. Il vous est accordé
cinq jours pour faire vos préparatifs. »

Les soldats laissés là, soi-disant pour protéger
les Français, s'empressent de changer de rôle et
empêchent les chrétiens d'approcher de ceux dont
ils pleurent le départ. Impossible aux missionnaires de trouver aucun porteur ; défense la plus
stricte de leur donner ou de leur vendre quoi que
ce soit.

Au jour fixé, 3.000 soldats sont rassemblés, car
l'ignominieuse expulsion doit être entourée de
toute la notoriété possible, afin que personne
n'ignore l'ostracisme officiellement sanctionné par
l'autorité. Au nombre de 20, dont 12 Pères,

École Normale.

4 frères coadjuteurs et 4 sœurs de Saint-Joseph, les proscrits s'avancent entre deux pelotons de soldats. Chacun porte un petit sac où il a mis l'indispensable, et à travers les alertes, les privations, les craintes de mort qui mettent en relief les sympathies courageuses de plusieurs chrétiens, on marche jusqu'à Mananjary, le port de mer le plus proche. A la réflexion toutefois, le Gouverneur, honteux d'infliger pareil traitement à des étrangers, et surtout à des femmes, les fit rejoindre en route par quelques palanquins. Le voyage dura un mois ; de Mananjary les voyageurs gagnèrent Tamatave par mer.

Même scène pour les quatre missionnaires d'Ambositra, autre ville du Betsiléo, plus au nord ; et tels furent les mauvais traitements des exilés durant ce dur exode que deux d'entre eux expiraient à leur arrivée à Mananjary.

C'était donc la ruine complète de toute la mission de Madagascar, car à Tananarive aussi les missionnaires avaient dû fuir. Ruine matérielle de tant d'édifices péniblement construits, mais surtout ruine spirituelle, bien plus douloureuse ; car quelle persévérance pouvait-on espérer de ces nouveaux baptisés, exposés à toutes les tracasseries de leurs ennemis triomphants, et n'ayant plus leurs Pères pour les fortifier et les défendre ?

Et pourtant, au cours de ces trois longues années

que dura l'exil des missionnaires, ce dut être une grande joie pour les Anges et les Saints du Paradis de voir tant de catholiques demeurer invinciblement fidèles à leurs croyances et à leurs pratiques religieuses. Certains instituteurs, solidement formés à l'Ecole normale de la mission et comprenant quel était leur devoir en l'absence des Pères, se transformèrent en apôtres. Ils allaient partout, stimulant chacun et organisant des réunions le dimanche dans les maisons privées. Grâce à leur zèle et à leur esprit d'organisation, la foi se conserva dans le Betsiléo, comme jadis aux Catacombes, comme dans les forêts de France et les greniers aux sombres jours de la Terreur.

IV

Retour des Missionnaires, 1886.

La guerre franco-hova continuait sur différents points de la côte de l'île, et nos succès partiels répétés amenèrent la Reine à signer le traité de décembre 1885 qui donnait désormais une place prépondérante dans les affaires publiques à la France qui serait représentée par un Résident à Tananarive. L'article 7 garantissant la liberté de conscience et la tolérance religieuse, les missionnaires s'empressèrent de revenir là où leur cœur et leur zèle les appelaient.

Quelle allégresse chez les chrétiens à cette nouvelle! Ils goûtent quelque chose des joies de la Résurrection, et comme les Malgaches sont habitués dès leur petite enfance à faire à pied tous leurs voyages, comme ils ne comptent ni avec les distances, ni avec leurs jambes, les voilà venant de tous côtés au devant de leurs Pères! En revoyant les exilés, ils se jettent à genoux, ils leur baisent les mains, ils pleurent et chantent de joie.

Missionnaire à cheval.

On est encore loin de Fianarantsoa et le cortège est immense, s'accroissant toujours et avançant comme une marée montante. Les protestants regardent sans hostilité cette entrée en ville vraiment triomphale. Contrairement à l'Evangile, la fête des Rameaux suivait ici le Vendredi-Saint.

Les missionnaires pénètrent dans la cour de leur maison dont les portes sont barricadées. Ils en réclament les clés, avec celles de l'église et des écoles. Le Gouverneur répond que le traité ne rend pas aux catholiques leurs propriétés devenues biens de la Reine. S'ils veulent en redevenir possesseurs, ils doivent en payer la location à l'Etat.

On se croirait devant un mandarin chinois ! Protestations des Pères ; discours sans fin des officiers ; va et vient incessant entre le palais du Gouverneur et la mission. Les voyageurs sont toujours là, au soleil, à attendre pendant des heures ; pour les Malgaches le temps ne compte pas.

Enfin des galonnés ouvrent les portes de chaque chambre ; ils y pénètrent les premiers devant les Pères, et sous leurs yeux s'adjugent les objets qu'ils trouvent à leur convenance. Douces mœurs antiques ! Après tout ils faisaient bien en petit à leur profit, de ce que d'autres font en grand au nom de leur gouvernement. On ouvre l'église où tout est pêle-mêle, brisé, pourri ; mais les murs sont debout, et le toit sur les murs.

Chacun s'y met. Une propreté relative succède au désordre. Les chrétiens s'entassent et après trois années de silence, la cloche du matin sonne l'*angelus*, la messe est célébrée à nouveau.

Mais ce n'est pas encore pour Madagascar le siècle de Constantin. Partout où les Pères veulent rentrer chez eux, rouvrir leurs églises et leurs écoles dans les autres centres de la mission, les difficultés, les oppositions, les pugilats recommencent; on va jusqu'à lier des élèves catholiques.

La mentalité des chefs est si faussée, l'esprit de persécution et de fourberie sont tellement à l'ordre du jour, que le Gouverneur n'hésite pas à à donner rendez-vous à tous les élèves de toutes les écoles pour leur lire le traité récemment conclu avec la France qu'il fait suivre de cet ordre : « Que ceux d'entre vous qui choisissent l'école des Anglais passent à droite ; ceux qui veulent des Norwégiens iront à gauche ; enfin les élèves des Français tiendront le milieu. Mais votre choix fait, défense de passer d'une école à l'autre. »

A cette injonction, la foule empilée où se serraient des milliers de personnes, essaie vainement de se remuer ; on se bouscule, on tire à droite et à gauche ; on crie et l'on frappe. C'est une cohue sans nom destinée à mettre en pleine lumière la liberté de conscience laissée à chacun.

Il serait fastidieux, surtout dans un rapide aperçu comme celui-ci, de continuer la narration des obstacles sans cesse renaissants jetés en travers de la route des missionnaires dans le Betsiléo. Mais les obstacles ne sont-ils pas un stimulant pour le courage et le zèle, et du reste ne faut-il pas aux œuvres divines l'engrais surnaturel de la persécution ? Aussi l'évangélisation du Betsiléo grandissant, les postes et les écoles se multipliaient ; notre sainte religion gagnait chaque jour du terrain.

En 1895 la conquête de Madagascar par nos armes apporta à notre œuvre un appoint considérable.

Déjà Mgr Cazet, premier vicaire apostolique de l'île, avait obtenu la division de Madagascar en trois vicariats : le Nord était confié aux Pères du Saint-Esprit, le Sud aux Lazaristes, le centre restait aux Jésuites. Il réitéra ses appels en Europe afin de pourvoir le Betsiléo d'un nouveau renfort de missionnaires.

La Province de Toulouse, de la Compagnie de Jésus, qui jusque-là avait assumé à elle seule l'œuvre d'évangélisation, ne pouvait désormais suffire à cette charge rendue écrasante par le fait même du succès, d'autant qu'elle avait encore les Indes à fournir. L'appel fut entendu de la province de Champagne et dès 1901 on vit chaque

FIANARANTSOA. — L'École des Frères.

année de nouveaux missionnaires venir prendre dans le Betsiléo l'admirable succession des premiers Pères.

Le court résumé que nous offrons ici à nos bienfaiteurs a surtout esquissé les années de fondation. Pour éviter les longueurs et les redites, nous donnons en terminant le tableau de la situation actuelle, qui, mettant en présence le point de départ et le point d'arrivée, montrera les progrès de l'œuvre divine chez ce bon peuple durant les quarante et une années qui séparent 1871 de 1912.

V

Aujourd'hui.

La mission du Betsiléo compte aujourd'hui (1913), 45 religieux de la Compagnie de Jésus, dont 36 prêtres. Deux grands collèges de garçons ont à leur tête 12 Frères des Ecoles chrétiennes. Enfin, 5 écoles pour jeunes filles sont dirigées par 24 sœurs de Saint-Joseph de Cluny.

Le nombre des postes desservis par les 36 missionnaires prêtres est de 577 ; dans cette tâche complexe ils sont aidés par 637 auxiliaires indigènes. Quant au nombre total des chrétiens, dans la seule province du Betsiléo, il est, d'après le dernier recensement, de 112.164.

N'est-ce pas une mission magnifique, après 40 années d'apostolat ? Pour l'île entière, on demeure au-dessous de la réalité en portant à 200.000 le nombre total des catholiques, ce qui sur une population de 3.000.000 d'habitants, donne une proportion de 1 catholique sur 15 indigènes. Combien nous sommes plus fortunés que certaines missions où malgré les héroïques efforts des apôtres, depuis un siècle, on n'arrive qu'à la proportion d'1 sur 400.

Les chiffres des baptêmes dans ces dernières années disent bien haut que l'évangélisation du Betsiléo est en progrès :

	Baptêmes d'adultes	d'enfants
En 1890	543	546
1900	744	2.612
1910	1.731	5.481
1911	2.566	5.929
1912	2.951	6.846
1913	2.578	5.992

Notons que jadis, surtout après la conquête de Madagascar par nos armes, les Malgaches pouvaient être poussés vers le catholicisme par des motifs d'intérêt personnel. Les vainqueurs étaient catholiques, et jusqu'alors, dans l'esprit du peuple, protestant et Anglais, Français et catholique étaient synonymes. La victoire eût été à l'Angleterre que le mouvement de conversion aurait eu chance de se produire vers le protestantisme.

Mais aujourd'hui les Malgaches qui demandent le baptême ne peuvent être attirés par aucune vue humaine. Tout au contraire le gouvernement affectant de ne pas connaître la religion, quand il ne la combat pas sournoisement, il faut à nos adeptes une volonté bien arrêtée de faire leur salut pour passer du protestantisme au catholi-

cisme, ou pour abandonner en faveur de la vraie foi leurs vieux usages superstitieux en l'honneur des ancêtres.

Ainsi tombe l'objection formulée autrefois comme un axiôme par des gens qui jugeaient Madagascar d'après certains faits isolés : Le Malgache, disaient-ils, change de religion selon son intérêt.

Mais pour bien juger du progrès, tel qu'il apparaît aux yeux de tous, voyons en détail la situation faite à notre sainte religion dans les centres principaux du Betsiléo : le petit grain semé par le P. Finaz est devenu moisson immense.

A Fianarantsoa : Une résidence de missionnaires.

— Un collège des Frères.

— Une école des Sœurs.

— Une école normale pour les futurs instituteurs.

— Une léproserie où résident un Père et des Sœurs.

— Un dispensaire et une clinique, dirigés par un D^r malgache, ancien élève de la mission, et une sœur.

— Enfin, des ateliers et des propriétés de rapport auxquels président des Frères coadjuteurs.

Église de Fianarantsoa.

Mais la perle de Fianarantsoa, dont les catholiques sont fiers à juste titre, c'est leur église. Nous sommes loin de la baraque en bois qui servit d'abord de lieu de prière, et de la grange en terre qui lui succéda.

Dieu qui inspire ses saintes idées aux âmes d'élite avait ses vues sur la capitale du Betsileo. Une Anglaise, élevée dans le protestantisme, fut tellement heureuse d'avoir vu la vérité et de pouvoir réciter le *Credo* de Rome, qu'elle offrit à Notre-Seigneur en reconnaissance de sa conversion deux églises dans les missions ; l'une est aux Indes, l'autre à Fianarantsoa. Au gré de la généreuse donatrice rien de trop beau pour réaliser son projet : matériaux de premier choix, granit et briques ; trois nefs et deux tours ; vitraux, cloches et horloge ; autel en bronze doré du premier orfèvre de Paris ; vases sacrés, ornements et jusqu'aux habits d'enfants de chœur dignes des plus belles basiliques de France. Les cinq ou six temples protestants qui se dressaient fièrement autrefois dans la ville, se dressent toujours, mais à leur désavantage. Cette église, dessinée par un missionnaire, le P. Taïx, et construite par des ouvriers malgaches dirigés par nos Frères coadjuteurs, est assurément un des monuments les plus réussis de l'île, et à elle seule, elle est une prédication muette et imposante en même temps qu'un acte de foi et d'amour.

A Ambositra : Une résidence de missionnaires.
—   Un collège de Frères.
—   Une école de Sœurs.
—   Une école de catéchistes.
—   Un patronages de jeunes gens.

A Mananjary (Port de mer) : Résidence de missionnaires. Ecole des Sœurs.

A Ambalavao : Un missionnaire en résidence. Ecole des Sœurs.

A Ambohimandroso : Un missionnaire de passage. Ecole de Sœurs.

Les autres Pères gravitent autour de ces centres principaux, dans des districts secondaires, comptant chacun des milliers de chrétiens, disséminés dans 577 postes, à travers lesquels le missionnaire est toujours en course.

Œuvres principales de sanctification. Une des plus anciennes et des plus en honneur est l'*Apostolat de la Prière* et la Dévotion au Sacré-Cœur qui transforme chaque premier vendredi du mois en une véritable fête avec des milliers de communions réparatrices, et cela dans chaque centre où se trouve un prêtre.

Les *Retraites fermées* de trois jours consécutifs se sont singulièrement multipliées dans ces dernières années et contribuent de la façon la plus efficace à affermir la foi et à développer la vie chrétienne. Elles s'adressent à toutes les catégories d'auditeurs : maîtres d'écoles, hommes seuls, enfants de Marie, futurs baptisés, premiers communiants, élèves, jeunes gens, jeunes filles, chrétiens mariés. Dans ce dernier cas, les retraitants sont parfois des centaines ; c'est une vraie mission qui chaque fois produit de nouveaux fruits de piété. Et avec quel respect du règlement nos Malgaches se plongent dans ces retraites ; quel beau spectacle de les voir, le soir par exemple, en procession réciter le chapelet, en alternant avec cantiques, à la lumière des lanternes vénitiennes qui se balancent aux arbres du chemin !

Les *Congrégations* d'hommes, de femmes, de jeunes gens, de jeunes filles permettent de former des élites sur lesquelles on peut compter même pour des corvées parfois pénibles.

On a multiplié aussi les lieux de *Pèlerinages* qui constituent ici, comme partout ailleurs, des centres de ferveur et de prière. Les grottes de Lourdes surtout attirent les pèlerins.

Bref, les statistiques de baptêmes, de retraites, de confessions et de communions annuelles montrent assez combien est vivante notre mission du Betsiléo.

PROGRÈS DE LA MISSION DU BETSILÉO

1890-1913

ANNÉES	Prêtres	Catholiques baptisés	Confessions	Comm.	Retraites	Retraitants
1890	15	5974	30777	18152		
1900	16	42000	51620	38212		
1910	35	92284	236169	293226	103	8740
1911	34	99184	303462	409365	133	10798
1912	35	106796	345761	563884	136	12344
1913	36	112164	359635	644209	127	11283

Statistiques particulières de quelques districts

	Confessions		Communions	
	1907	1912	1907	1912
Milamaina	3325	12916	1945	16266
Iarinoro	2103	14920	768	14848
Imady	2100	11175	912	16212
Tandrokazo	5259	21824	4084	22700
Mahasoabe	6609	25000	3325	19400
Alakamisy	6400	19000	3500	20650
Ambohimahasoa	9916	17308	6451	22526

A la demande de Mgr Cazet, Vicaire apostolique de Madagascar central et de son successeur Mgr de Saune, le Saint-Siège vient d'ériger en Vicariat apostolique la mission du Betsiléo et lui a donné comme évêque le R. P. Charles GIVELET.

Les déboires, les épines, les entraves administratives, parfois les défections ne font pas défaut ; ce serait trop beau sans cet indispensable revers de médaille. Qu'elle vienne de l'enfer, du gouvernement, des ennemis ou même des propres enfants, la contradiction est chose nécessaire ; elle donne du pied aux fleurs surnaturelles de vertu.

Mais en dépit des difficultés du dedans et du dehors la grâce de Dieu, puissante et douce, travaille les âmes ; elle les fait monter de la nuit où elles mouraient à la belle et vivifiante lumière de la foi et éclaire devant elles le chemin qui mène à la vraie vie.

DEO GRATIAS.

PERSONNEL DE LA MISSION DU BETSILÉO

1 Évêque.

36 prêtres.

12 FF. Coadjuteurs.

12 FF. des Ecoles Chrétiennes.

24 Sœurs de Saint-Joseph de Cluny.

637 Auxiliaires Malgaches (maîtres d'école, catéchistes, etc.).

ŒUVRES

24 districts.

577 postes avec chapelles.

2 écoles normales.

2 écoles dirigées par les Frères.

5 écoles dirigées par les Sœurs.

43 écoles avec instituteur indigène.

78 garderies.

5300 élèves.

22780 enfants catéchisés.

1 dispensaire avec médecin malgache.

1 léproserie pour 140 lépreux.

Comment aider les Missionnaires ?

Construction d'une petite église	5000 fr.
d'une chapelle { grande . .	1000 fr.
{ petite . . .	600 fr.
d'une école	800 fr.
Entretien annuel d'un séminariste	250 fr.
d'un maître breveté . . .	300 fr.
d'un catéchiste	80 fr.
d'un normalien	80 fr.
d'un ménage	150 fr.
d'un élève des FF. . . .	60 fr.
(Nourriture seulement).	30 fr.
d'une élève des Sœurs . .	40 fr.
(Nourriture seulement).	25 fr.
d'un lépreux	150 fr.

« Ce que vous faites au plus petit d'entre les miens, c'est à moi que vous le faites. (MATH. XXV, 40.)

Abbeville. — Imprimerie F. PAILLART.